Kapuzinerkresse
Narzisse
Lichtnelke
Wandelröschen
Dein Buch
Krokus
Schneeheide

Inhalt

Ich bin Polline

Mein vollständiger Name ist Polline Wildbiene und ich gehöre zur Familie *Rotpelzige Sandbiene*. Ihr wundert euch, dass eine Biene einen Vornamen hat? Das kann ich verstehen. Ich bin eine seltene Ausnahme unter den Bienen. So etwas wie eine kleine Wildbienen-Zauberfee.
Und dass ich mich heute zeichnen lasse, ist ebenfalls eine Ausnahme.
Denn Stillhalten fällt mir mächtig schwer. Die vielen Pollen auf meiner Nase machen es mir noch schwerer. Wie gerne würde ich niesen.
Aber ich will auf keinen Fall ein verwackeltes Bild von mir. Sondern eines, auf dem ihr seht, wie gut ich aussehe.

Zusätzlich beschreibe ich mich einmal. Sicher ist sicher:
Meine Härchen auf der Oberseite sind so rot, wie ein Fuchs es ist.
Mein Bauchpelz ist schwarz. Ebenso meine Beinchen.
Ich sehe ziemlich hübsch aus.
Ich bin fast 13 mm groß, sehr neugierig und mag Fragen.

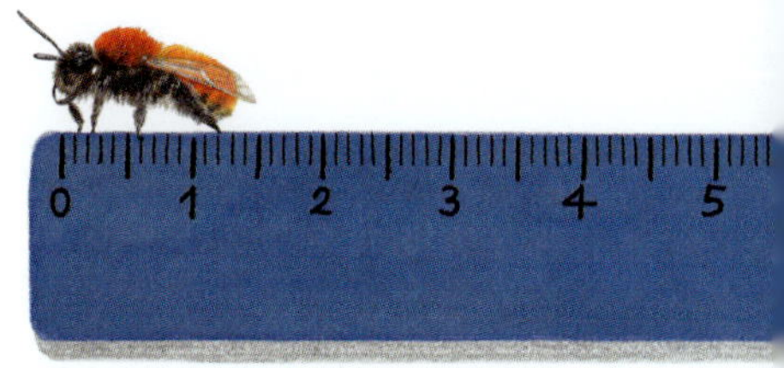

Mein Zuhause ist ein echtes Bienenparadies in einem Park mit einer Wiese, Blumenbeeten, vielen Obstbäumen und Beerensträuchern. Direkt dahinter sind eine Schule und ein Kindergarten.
Angenommen, wir sehen uns: Ihr würdet mich erkennen – oder?

In den letzten Wochen bin ich sehr viel geflogen und habe schwer gearbeitet. Meine Kräfte lassen nun etwas nach. Noch aber habe ich Zeit und könnte von mir erzählen.
Natürlich nur, falls ihr Lust habt, mir zuzuhören.
Ihr nickt?
Abgemacht!
Dann beginne ich sofort und zwar mit allergrößtem Vergnügen.
Denn ich bin Polline.
Ich kann das.
Und dass das so ist, ist die dritte und letzte Ausnahme.

Wildbienen leben ganz schön gefährlich

Es tut gut, eine Wildbiene zu sein. Das denke ich oft, wenn ich leckere Blüten rieche. Eine winzig kleine Duftspur reicht und meine Fühler wackeln vor Freude. Futter! Her damit!

Das Wetter ist heute schön. Frühsommerlich warm scheint die Sonne.

Im Hintergrund höre ich Gekreische und lautes Lachen.

Alle sind draußen, die Kindergartenkinder und auch die Großen, die schon zur Schule gehen.

Auf der Wiese summt und brummt es. Überall Verwandte! So viele Freunde. Da ist richtig was los. Und alle haben es eilig. Jede von uns hat eine Aufgabe zu erledigen. Wir wollen, dass es unseren Wildbienenkindern gutgeht und unsere Art überlebt. Das treibt uns an. Jeden Tag. Und dafür müssen wir futtern. Reichlich Blütennektar, der gibt uns Kraft und Power.

Beides brauchen wir.

Gleichzeitig sammeln wir Blütenstaub, also Pollen, als Essensvorrat. Der ist für unsere hungrigen Bienenkinder, die an einem sicheren Ort bis zum Schlüpfen jede Menge mampfen müssen.

Die Schulkinder kommen näher. Sie bringen einen Ball mit.

Eine Lehrerin ist auch dabei.

Wir Bienen müssen nun ein bisschen aufpassen. Keine von uns will getroffen werden, aber das geht schon. Es ist genug Platz für alle da.

Mir fallen zwei Jungs auf, die ganz interessiert eine Pelzbiene beobachten. „Boah, was hat die viel Puder an den Beinen! Die ist ja ganz gelb“, staunt der kleinere, der mit seinem Kugelbauch ausgestreckt auf dem Boden liegt. Plumps!

Auch sein Kumpel lässt sich neugierig ins Gras fallen. „Daraus machen die Honig?“, überlegt er verblüfft.

Ach Du liebe Biene! Da fehlt Wildbienen-Wissen!

Ein anderer Junge weiß Bescheid: „Wildbienen machen doch für uns keinen Honig!“, empört er sich.

Die Lehrerin bestätigt das: „Den Honig bekommen wir von den Honigbienen. Wildbienen haben eine andere Bestimmung. Aber alle Bienen fliegen von Blüte zu Blüte und verteilen so den pudrigen Pollenstaub auf der Narbe, dem weiblichen Pflanzenorgan. So gelingt die Befruchtung und die Pflanze vermehrt sich.“

„Du, Frau Koch“, spricht der kleinere Junge die Lehrerin an, „was unterscheidet denn die Wildbienen von den Honigbienen?“

Die Antwort kommt prompt: „Die ersten Wildbienen sind schon ab Ende Februar unterwegs. Bei ihnen beginnt jeder Arbeitstag früh und endet spät. Sie sind noch fleißiger als Honigbienen. Honigbienen brauchen mehr Ruhe und schlafen länger. Außerdem haben manche Wildbienen einen extra langen Rüssel und können damit den Nektar aus tiefen Blütenzentren saugen. Darum werden einige Pflanzen nur von ihnen angeflogen. Ohne unsere Wildbienen würde es diese Pflanzen irgendwann nicht mehr geben.“

Wow! Super! Besser hätte ich das nicht erklären können.

„Mein Papa ist Imker und kümmert sich um seine Bienen“, sagt ein Mädchen mit langem Pferdeschwanz.
„Ja, Honigbienen haben es gut“, meint die Lehrerin. „Für sie sorgen Imkerinnen und Imker. Sie beschützen ihr Bienenvolk. Wildbienen haben diesen Schutz nicht. Sie leben mutterseelenallein, bauen ihre Nester ohne Hilfe und sind kleine, tapfere Einzelkämpferinnen, die viel leisten und für uns Menschen und für unsere Natur ungeheuer wichtig sind.“

Jetzt wird mir ganz warm um mein Bienenherz.
Bis in den Bauch hinein tropft ein Glücksgefühl.
Süß wie leckerer Nektar.
Und stolz auf uns Wildbienen bin ich auch!
Frau Koch finde ich supernett.
Klar! Sie hat Ahnung und mag uns.
Wie gut, dass sie Pausenaufsicht hat.

Frau Koch erklärt weiter: „Wildbienen brauchen unsere Hilfe.
Es gibt immer weniger von ihnen. Ohne Wildbienen werden unsere Teller von Mal zu Mal leerer. Stellt euch vor: Pfannkuchen ohne Apfelmus, Brötchen ohne Himbeermarmelade, Kirschkuchen ohne Kirschen und Nudeln ohne Tomatensoße."
Hm. Das stimmt. Alle Kinder finden das blöd.
Selbst die, die keine Tomaten mögen.
Oder nie über Wildbienen nachgedacht haben.

Es klingelt. Die Pause ist zu Ende und im Park wird es ruhiger. Aber nur kurz.
Denn nun tauchen Spaziergänger auf, die uns mit skeptischer Miene betrachten.
Ich rieche Ärger.
Und ich irre mich nicht.
„So viele Bienen", schimpft der Mann, „das werden ja immer mehr! Die krabbeln aus den Erdlöchern! Wie oft spielen hier Kinder! Nachher ist das Geschrei groß, wenn die Biester stechen."

Ach Du liebe Biene! Da fehlt erst recht Wildbienen-Wissen!
Wir stechen so gut wie nie! Biester? Meint der etwa uns?
Wir sind nicht aggressiv. Ob ich dem Mann das erklären kann?
Aber der schlägt nach mir. Das wird mir nun zu gefährlich. Lieber bringe ich mich in Sicherheit.
Ich sehe, wie er sein Handy zückt und die 112 wählt.
Wenige Minuten später wird es laut. Ohrenbetäubend und schmerzhaft.
Donnerndes Brummen, wie von tausend Hornissen, kommt näher und näher.
Und schon bremst ein knallrotes Feuerwehrauto direkt vor meiner Lieblingsblume. Schwein gehabt! Das war knapp!

Ich sehe viele erschrockene Kindergesichter. Ihre plattgedrückten Nasenspitzen kleben an den Klassenfenstern. Kein Kind bleibt sitzen.
Selbst die Kindergartenkinder hören auf zu spielen.
Die Aufregung ist groß.
Was ist passiert?, fragen sich bestimmt alle.

Die Feuerwehrfrauen und Feuerwehrmänner steigen aus und schauen uns Wildbienen kurz zu. Ganz entspannt und superfreundlich.
„Alles okay“, besänftigen sie den aufgebrachten Spaziergänger.
„Heute sind wirklich besonders viele Insekten unterwegs“, stellen sie fest.
„Es ist Paarungszeit für einige Arten. Aber es besteht kein Grund zur Sorge.
Denn männliche Wildbienen stechen nicht. Sie haben gar keinen Stachel.
Und die der Weibchen sind oft zu schwach, um unsere Haut zu durchdringen.
Außerdem sind Wildbienen friedlich, solange sie nicht angegriffen werden.
Niemand muss sich vor ihnen fürchten.“

Danke, liebe Feuerwehr. Wie recht ihr habt. Wir tun nichts.
Ihr dürft picknicken und süße Limo trinken, Eis essen,
Schokolade oder Kuchen: Wir stören euch nicht.
Süßkram mögen wir nämlich überhaupt nicht.
Nur Pollen und Nektar.
Dickes Bienen-Ehrenwort.

Das mit dem Liebhaben und Kinderkriegen

Unser eigentliches Wildbienenleben ist kurz. Fast ein ganzes Jahr brauchen wir, um erwachsen zu werden. Verlassen wir unsere Brutzellen, bleiben uns nur wenige Wochen Flugzeit unter freiem Himmel. Daher haben die Drohnen, das sind unsere Bienenmännchen, es sehr eilig, Bienenweibchen zu befruchten.
Fürs Liebhaben reicht die Zeit nicht.
Ganz schnell muss alles gehen,
das hat die Natur so vorgesehen.

Nachdem die Drohnen ihren Auftrag erfüllt haben, ist ihr Lebenskreis geschlossen. Schon bald sterben sie und dienen hungrigen Vogelkindern als Futter.
Wir Bienenmamas müssen uns nun beeilen. Fast alle von uns nisten im Boden. Sofort beginnen wir mit dem Nestbau und buddeln uns tief ins Erdreich. Das ist megaanstrengend. Seht ihr die kleinen Erdhügel?

Ihr dachtet, Regenwürmer hätten dort gewühlt? Oder Ameisen?
Ach Du liebe Biene! Da fehlt Wildbienen-Wissen!

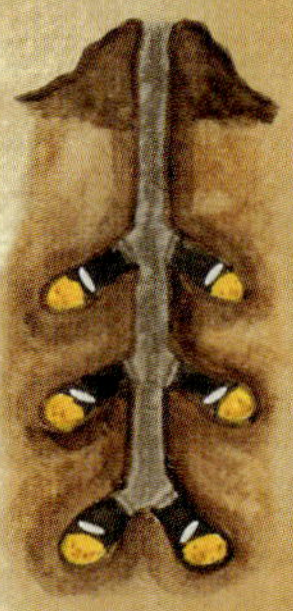

Nein, das waren wir, die Sandbienen-Mütter und viele unserer Verwandten. Wir graben einen senkrechten Gang, der in kleinen Brutzellen endet. Das werden unsere Kinderzimmer, die wir mit Pollen und Nektar füllen.

Obendrauf legen wir ein Mini-Ei.
Nach wenigen Tagen schlüpft ein winziges Bienenkind und frisst sich als Larve langsam durch den Pollenproviant. Dabei häutet es sich mehrmals.
Ist es groß und stark, spinnt es sich in einen Kokon ein und verpuppt sich.
So ist es prima geschützt. Auch im Winter, wenn es kalt ist und schneit.

Scheint endlich die warme Frühlingssonne, ist das Wildbienenkind erwachsen und kann ausfliegen. Zuerst schlüpfen die Drohnen aus dem Nest.
Sie warten auf Wildbienenweibchen und auf die Befruchtung.

Und wieder beginnt der Kreislauf von vorne.

Die vielen Verwandten

Jetzt habe ich viel von uns Sandbienen erzählt. Darf ich euch nun unsere Zottelbienen vorstellen? Meine Freundinnen haben drollige Sammelhärchen an ihren Hinterbeinen. Diese sind zickzack-gewellt oder ähneln einer klitzekleinen Nudelspirale. Alle Zottelbienen sind tiefschwarz, wenige haben einen gelben Tupfer im Gesicht oder auf dem Po. Ein paar krümmen ihren Rücken beim Sammeln und sehen aus wie sportliche Schwimmerinnen, die in Blüten baden. Das finde ich sehr lustig.

Mit unseren übermütigen Mauerbienen möchte ich euch auch bekannt machen. Die finden die verrücktesten Nistplätze! Bloß keinen Stress machen und große Ansprüche stellen. So denken sie und bauen munter ihr Nest in einem Schneckenhaus oder im Boden, in Mauerrissen, in Garnrollen, vielleicht auch in Gartenschläuchen, in alten Insektenbehausungen, in hohlen Blütenstängeln oder wo auch immer. Hauptsache, es passt. Dann kann das neue Zuhause für kleine Mauerbienen sofort eingerichtet werden. Ob es komisch aussieht, ist den Frechdachsen schnurzpiepegal!

Andere Verwandte aber haben besondere Vorlieben:

Unsere Pelzbienen zum Beispiel nisten gerne in Mauerfugen und richten gerade ein superschönes Heim in der alten Kindergartenmauer ein.

Sie fliegen übrigens in der Bienen-Formel-1. Keine von uns rast so blitzschnell von Blüte zu Blüte.

Ihr braucht also scharfe Augen, um unsere flinken Verwandten zu sehen. Schwuppdiwupp sind sie nämlich weitergeflogen.

Seit neuestem wohnen prachtvolle Blauschwarze Holzbienen bei uns.
Da sich unser Klima verändert, finden sie auch bei uns die Wärme, die sie suchen.
Sie lieben morsches Holz, das sie mit ihren starken Kiefern bearbeiten.
Stundenlang nagen sie tiefe Gänge, um Nistkammern zu bauen.
So können sie sicher sein, dass ihre Bienenkinder geschützt heranwachsen.
Alle Holzbienen sind ziemlich scheu, aber so hübsch, dass man sie nicht übersehen kann.
Überhören allerdings auch nicht. So laut ist ihr Bienengemurmel.
Ihr Körper ist groß und der Pelz meist lackschwarz. Nur an der Brust und am Hinterteil wachsen wenige gelbe Haare.
Aber das Tollste an ihnen sind die Flügel. Die schimmern in der Sonne lila-blau-metallisch und sind märchenhaft schön.

Lieblings-Wildbiene

Alle kennen und mögen sie. Sie ist dick, fliegt etwas taumelig und brummt mindestens so laut wie unsere Holzbienen.
Wen meine ich? Was glaubt ihr? Richtig! Es ist unsere Hummel!
Sie ist die beliebteste Wildbiene. Das habe ich schon häufig gehört. Auf einer Skala von eins bis zehn bekommen die Hummeln die volle Punktzahl.

Wahrscheinlich weil sie putzig-pummelig sind?
Oder ihr Pelz so weich und kuschelig aussieht?
Trotzdem: Bitte nicht streicheln!
Auch wenn die Versuchung groß ist.
Wir sind ja keine Haustiere.
Aber beobachten dürft ihr uns gerne.
Also, unsere Hummeln sind schon genial:
Kraftprotze und megafleißig!
Ihr dichtes Haarkleid hält muckelig-warm.
Selbst bei Kälte fliegen sie tapfer umher und
ein bisschen Schnee schockt sie nicht.
Zudem arbeiten sie täglich viel länger
als sämtliche andere Bienen.

Kennt ihr übrigens den Spruch: Hummeln im Hintern?
Nein, keine Angst, da will die Hummel nicht hinfliegen!
Gemeint sind Menschen, kleine und große, die nicht stillsitzen können und immer Lust haben, etwas zu unternehmen.
Genauso sind unsere Hummeln. Die wollen was tun. Möglichst viel.
Die Hummelmama, genannt die Königin, kümmert sich nicht allein um ihre Hummelkinder. Sie ist keine Solitärbiene, keine Einzelkämpferin wie wir anderen. Sie bildet einen Staat mit Arbeiterinnen und Drohnen.
Deren Leben enden im Herbst.
Nur die befruchteten, jungen Königinnen überwintern. Am liebsten in einem alten Mauseloch, unter Baumwurzeln oder Moospolstern.
Im Frühjahr verlassen sie ihr frostsicheres Versteck. Finden sie genügend Blüten mit Pollen und Nektar zum Sattfressen und Gesundbleiben, gründet jede Königin einen neuen Staat. Je nach Art mit 50 bis 600 Tieren.
Und schon beginnt ein neuer Lebenskreis.
Das ist ein Naturgesetz.

Für alle Schlaufüchse und Leseratten

Genug geredet. Ich merke, wie erschöpft ich bin. Meine Zeit wird knapp. Trotzdem will ich noch einmal zur Schule fliegen. Wissen möchte ich, ob weitere Wildbienenfragen beantwortet werden.
Ich mag Fragen und liebe Neugierigsein. Habe ich euch das schon gesagt? Meine Flügel vibrieren jetzt in Turbogeschwindigkeit. Mein Summen wird immer lauter und hörbarer: Summ, summ, summ ... Stopp! Eine Vollbremsung! Was für eine Landung! Glück gehabt! Fast wäre ich von der Blume gefallen. Etwas ganz Wichtiges habe ich vergessen, euch mitzuteilen:

Seid nicht traurig, wenn ihr uns Wildbienen nicht auseinanderhalten könnt.
Das schaffen wirklich nur die Allerbesten unter den Bienenkundigen. Trotz der vielen Unterschiede sehen wir doch irgendwie ähnlich aus.
Wer kann sich schon sämtliche Arten merken?
Ich jedenfalls nicht! Und das, obwohl ich Polline bin.
Die absolute Ausnahme-Biene.

Aber für euch Schlaufüchse und Leseratten schreibe ich einmal sechs wichtige Punkte auf:

Wildbienen-Wissen

1. Fast immer haben wir einen flauschigen Pelz.
   Nur wenige von uns sind ein bisschen kahl, also fast nackig.

2. Unsere Farbenpracht ist gut verteilt. Neben viel Schwarz findet ihr Braun, Weiß, Gelb, Orange, Rot und sogar ein bisschen Blau.

3. Die Sandsteppenbiene ist unsere Zwergen-Elfe. Sie misst nur 3 bis 4 mm.

4. Im Gegensatz dazu sind unsere Hummeln und ein paar andere Wildbienenarten richtige Wonneproppen und bis zu drei Zentimeter groß.

5. Wir sind friedliche Insekten und angenehme Lebewesen.
   Minimale Einschränkung: Bitte niemals eine Hummel bedrohen.
   Ich denke, das macht ihr sowieso nicht. Die meint dann, ihr wollt ihren Staat angreifen. Den wird sie notfalls verteidigen.
   Und das kann wehtun. Ein Stich der Honigbiene schmerzt allerdings mehr.
   Tröstet euch das? Eher nicht, oder?

6. Honigbienen sind übrigens braunschwarz. Jawohl. Braunschwarz.
   Keine von ihnen ist gelbschwarz. Auch wenn sie komischerweise in Zeichentrickfilmen, auf Glückwunschkarten, Stickern oder als Karnevalskostüm so aussehen. Aber nur da. Niemals in der Natur.
   Achtet mal darauf.

Bienenwissen mit Herzblut

Jetzt aber muss ich Frau Kochs Klasse finden. Ich habe richtig geraten. Es ist die erste im Untergeschoss ganz rechts. Sanft lande ich direkt am Fenster. Tatsächlich, in der Klasse geht es immer noch um Wildbienen-Wissen. Ach Du liebe Biene! Wie schön!
Das aber, worüber Frau Koch spricht, ist alles andere als schön: „Die Hälfte aller Wildbienenarten ist vom Aussterben bedroht“, höre ich gerade.
Ich bin zutiefst erschrocken: Das betrifft ja jede zweite Verwandte!
Ich weiß, viele von uns haben Probleme. Sie finden zu wenig Futter und keine passenden Schlupflöcher zum Nisten.
Oder es fehlt an brauchbarem Nistmaterial zum Füllen und Gemütlichmachen. Das ist wie ein Kinderzimmer ohne Bett!

So ein Zimmerchen bleibt leer.
Da möchte niemand schlafen.

Die Lehrerin schildert, dass immer mehr Wildbienen leiden.
Sie zeigt nun ihre Hand und zählt an den Fingern ab: „Äpfel, Birnen, Kirschen, Blumenkohl und Erbsen. Fünf kleine Portionen Obst oder Gemüse am Tag sollten wir essen. Das ist gesund.
Aber: Vier davon würde es ohne Bienen nicht geben."
Jetzt sehe ich nur noch Frau Kochs kleinen Finger.
Und der zeigt auf grüne Erbsen, die sie aus ihrer Hosentasche gezaubert hat.
Witzig, was Frau Koch mit sich rumträgt.
Die Kinder kichern. „Nur Erbsen?
Wie langweilig!", überlegt das Mädchen mit dem Zopf laut.

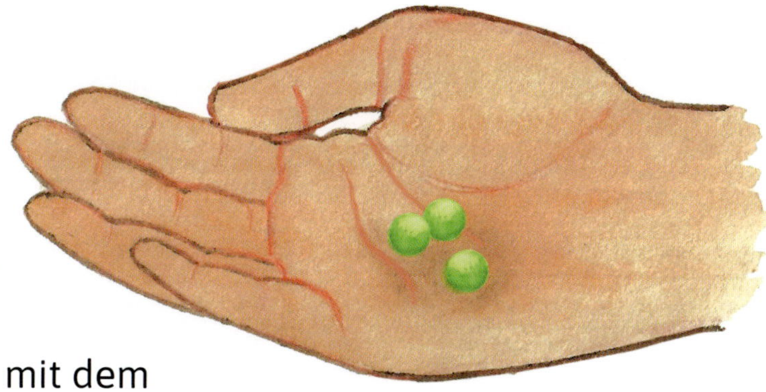

„Das stimmt", lacht Frau Koch, „da würden wir alle lange Gesichter machen.
Also sollten wir vorbeugen, damit es erst gar nicht so weit kommt.
Noch sorgen die Wildbienen nämlich gut für uns. Sie sind wertvolle Helfer, die Fantastisches vollbringen.
Wildbienen haben es verdient, dass wir ihnen helfen."
„Aber was können wir tun?", fragen einige Kinder ganz besorgt.

Frau Koch beruhigt sie und erklärt: „Schon viele Erwachsene setzen sich für den Schutz der Wildbienen ein. Auch Politikerinnen und Politiker sind beunruhigt und wollen, dass es den Wildbienen bessergeht. Sie wissen, Wildbienen brauchen mehr heimische Wildpflanzen, farbenfrohe Blumenwiesen, blühende Hecken und bunte Gärten.

Notwendig ist ein weitgehender Verzicht auf Pflanzenschutzmittel. Arglos nehmen Bienen bei der Futtersuche das Gift über die Blütenpollen auf. Sie beginnen zu schwächeln und verlieren ihre Klugheit. Ihr sagenhaftes Elefantengedächtnis funktioniert dann nicht mehr. Wie sollen sie sich so um ihren Nachwuchs kümmern? Bienen mögen Pflanzen, die schnell als Unkraut bezeichnet und im Garten nicht so gerne gesehen werden. Dabei füllen gerade diese kleine Bienenbäuchlein und peppen eintöniges Gras auf. Das gleiche gilt für Blühstreifen. So eine Umrandung ist dann nicht nur eine Augen- sondern auch eine Bienenweide. Die macht Bienen glücklich und pappsatt."

Frau Koch holt einmal tief Luft und weiter geht's:
„Ihr merkt, es gibt viel zu tun. Übrigens können alle einen wichtigen Beitrag leisten und noch rechtzeitig etwas unternehmen. Auch wir!
Als Klasse oder jeder von euch zu Hause.
Schon ein Terrassentopf mit Schnittlauch und Oregano hilft.
Das schmeckt den Bienen und uns auf Rührei und Pizza.
Stimmt's? Auch ein Balkonkasten voller Sonnenblumen und Lavendel ist für Bienen ein köstliches Buffet voller Schleckereien und sieht super aus."

Was für eine lange Rede. Tatsächlich die längste,
die ich je gehört habe. Naja, auch die einzige.
Und dann gleich so eine wunderschöne.
Über Wildbienen-Mini-Schlaraffenländer!
Ich bin entzückt. Auch die Kinder sind begeistert.
Alle sind aufgesprungen und rufen laut durcheinander:

„Ich erzähle das meinen Eltern!“
„Wir haben einen Balkon!“
„Wir haben Platz für eine Bienenweide!“
„Bei uns im Keller stehen mindestens hundert leere Blumentöpfe!“
„Ich pflanze einen riesengroßen Apfelbaum!“
„Und ich einen Birnen- und einen Pflaumenbaum!“
„Ich mag Kräuter, die teile ich mit den Wildbienen!“
„Wir lassen die Disteln einfach stehen!“
„Zum Geburtstag wünsche ich mir einen Kirschbaum!“

Frau Koch klatscht in die Hände. Sie grinst über das ganze Gesicht.
Vor Freude färben sich ihre Wangen rot.
„Ihr seid einfach klasse“, sagt sie, „toll, wie viele Ideen ihr habt.
Was haltet ihr davon, zusätzlich einfache Nisthilfen zu bauen?
Für die Wildbienenarten, die nicht im Boden nisten.“
Jetzt gibt es kein Halten mehr. Stattdessen Gute-Laune-Rabbatz.
Das Stimmengewirr wird immer lauter.
„Au ja, können wir gleich anfangen?“, schnappe ich auf.
„Stopp“, bremst Frau Koch. „Erst hinsetzen, dann überlegen wir.“
„Also, hört zu“, fährt sie fort, „wir brauchen einen Plan. Tipptopp soll er sein.
Und den Rat von Wildbienenfreunden, die sich auskennen. Wir wollen ja alles
richtig machen. Danach besorgen wir zusammen das passende Material.“

Frau Koch hat eine Überraschung

Es ist so schön, der Klasse zuzuhören.
Mein Bienenbauch gluckst zufrieden.
Und jetzt verrät Frau Koch sogar noch eine Überraschung.
Sie sagt: „Unsere Schule wird einen Lebensraum für Wildbienen einrichten, die vor allem im Boden nisten. Natursteine, morsches Holz und alte Baumstämme haben wir ja bei uns im Park. Lehm-Sand und Kies sind bestellt.
Wie ihr wisst, fehlen oft sichere Plätze für die Eiablage. Das wollen wir ändern.
Außerdem setzen wir Pflanzen ein, die viel Nektar und Pollen liefern.
So können sich die Bienen vom Frühling bis zum Spätherbst auf ein leckeres Festmahl freuen. Und wir uns darauf, sie aus der Nähe zu beobachten. Na, was sagt ihr nun?“

Also, ich könnte jubeln! Vor Wonne! Was für ein grandioser Einfall. Ich glaube, ich weiß, wer den gehabt hat …
Heimlich applaudiere ich!
Auch die Kinder sind ganz aus dem Häuschen.
Frau Koch holt eine bunte Zeichnung aus der Schublade.
Die muss sie mit beiden Händen gut festhalten.
Denn dichtgedrängt quetschen alle ihre Köpfe über das Blatt Papier.
Aufgeregt wollen sie sehen, was ihre Schule da Großartiges plant:

„Wow! Ein richtiges Wildbienen-Zuhause!“ „Das sieht toll aus!“
„Dürfen wir mithelfen?“„Haben wir genügend Schaufeln?“
„Darf ich die Blumen pflanzen?“ „Kann ich Schubkarre fahren?“
„Schubkarre? Ein Bagger muss kommen!“ „Nee, wir brauchen Muskelkraft!“

Frau Koch und die Kinder lachen viel. Was für eine quietschvergnügte Klasse.
Mir aber bleibt jetzt nur noch wenig Zeit.
Vorm Klassenfenster fliege ich nochmals eine Abschiedsrunde.
Sogar mit einem coolen Salto. Ich glaube, Frau Koch hat mir zugelächelt.

Schulprojekt: Alle(s) für Wildbienen

1 Baumstumpf

2 Lehm-Sand

3 Steine und Findlinge

4 abgestorbene Äste

5 Tot-Morschholz

6 Steingarten

7 Kies-Magerboden

8 Mutterboden

9 heimische Pflanzen
und Gehölze

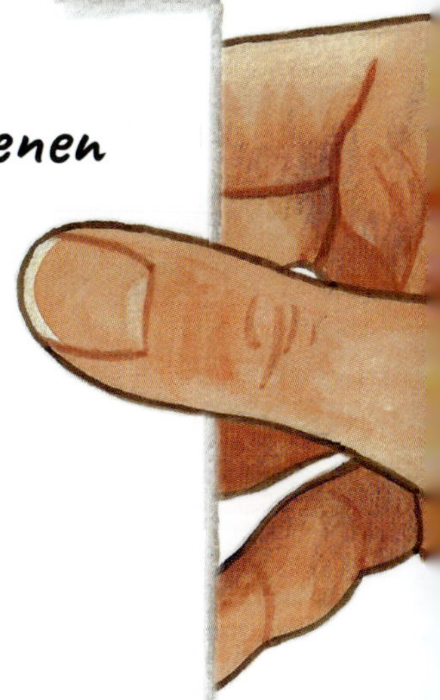

Kreislauf der Natur

Unzählige Pflanzen habe ich bestäubt,
ein kuscheliges Nest gebaut und meine Eier gelegt.
Damit sind meine Aufgaben im Kreislauf der Natur erledigt.
Das ist wirklich ein fantastisches Gefühl.

Ich hoffe, dass meine kleinen Wildbienenkinder in Ruhe wachsen und im Frühling ausfliegen. Mutter Natur wird auf sie aufpassen.

Ich bin nun schläfrig, zufrieden und megastolz.
Es war mir ein großes Vergnügen, euch das alles zu erzählen.

Falls ihr im nächsten Jahr Rotpelzige Sandbienen seht, sind es vielleicht meine Kinder. Drückt die Daumen, dass sie sommersatte Wiesen, Obstbäume und viele Blumen finden.

Und wenn es dann wieder laut summt und brummt, ist alles gut.

Eure Polline

Nisthilfenbau für kleine Profis

Liebe Klasse,

wie besprochen, wollen wir einfache Nisthilfen für die Wildbienen bauen, die nicht wie die meisten ihrer Verwandten im Boden nisten. Alles muss stimmen und den Bienenmamas gefallen. Nur wenn die winzigen Bienenkinder vor Hitze, Kälte, Regen, Wind und hungrigen Fressfeinden geschützt sind, können sie sich in Ruhe entwickeln und schlüpfen.

Damit das gelingt, laden wir Wildbienenfreunde ein, die das Bienen-Einmaleins bestens kennen. Sie können uns sicherlich viel Interessantes erzählen und beim Basteln helfen. Über euer Wissen werden sie staunen! Immerhin seid ihr schon richtige Profis. Ich freue mich, dass ihr so fasziniert von den kleinen, sympathisch-friedlichen Insekten seid. Vielleicht begeistert ihr auch andere, sich für ihren Schutz einzusetzen.
Gemeinsames Handeln macht Spaß und Wildbienen stark! Sie brauchen uns. Und wir sie.

Leere Konservendosen füllen wir mit nach hinten geschlossenen Naturstrohhalmen, Pappröhrchen, Schilfhalmen oder Bambus. Wichtig sind glatte Ränder an den Röhrchen, ein Loch im Dosenboden und ein luftiger, überdachter Platz.
Auf keinen Fall wollen die Bienen in der Sonne braten oder in einem nassen Zuhause ertrinken. Wir achten auf eine feste, parallele Verbindung zur Wand. Wackelt die Dose, wird den Bienen schwindelig, ihre Eier kullern vom Pollenproviant und die Larven verhungern.

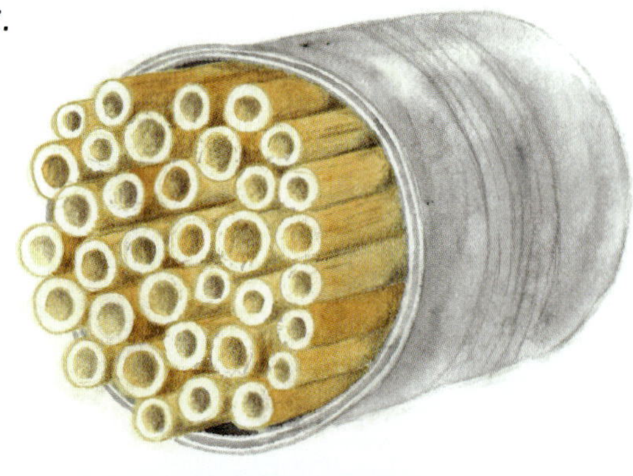

Mit unterschiedlich dicken Stahlstiften von 2 bis 6 mm Durchmesser stechen wir im feuchten Ton tiefe Gänge von 7 bis 12 cm. Regengeschützt lassen wir den Ton einfach trocknen. Oder wir besorgen uns Strangfalzziegel, die wir zu einem kleinen Turm stapeln und mit nach hinten geschlossenen Röhrchen befüllen.

Wir befestigen kleine Bündel dürrer, markhaltiger Ranken von Brombeeren, Himbeeren, Heckenrosen oder Stängel von Disteln und Königskerzen senkrecht am Zaun. Besser noch hängen wir diese im Abstand von 30 cm einzeln auf.

Um sicherzustellen, dass wir helfen und nicht schaden, lassen wir uns von großen Wildbienenprofis beraten, damit sich unsere sechsbeinigen Mieter in den neuen Nistgängen pudelwohl fühlen. Finden die Wildbienen dann noch in ihrer direkten Nähe leckeres regionales Bienenfutter, haben wir alles richtig und unsere kleinen Freunde glücklich gemacht. Auf dass es weiter summt und brummt!

Eure Frau Koch

Ein Jahr später

„Wow, ist das schön hier! Pippa und Pippin, das müsst ihr sehen!“

„Yippee, Polly, wir sind im Schlaraffenland!“

„Hierher, Pirmin und Permilla! Los, fliegt schneller!“

„Sieht das gemütlich aus! Hier grabe ich meine Nistkammern.“

„Hurra! P
dahinten ist e

„Porin, guck mal.
Alles für uns!“
„Wie das duftet! Poppy,
riech mal!“
d Paula,
enenbuffet!“
„So viele
Blüten!“

Kleine Wildbienen-Buffet-Legende

1 Lilie
2 Goldlack
3 Aster
4 Blaukissen
5 Huflattich
6 Kuhschelle
7 Hahnenfuß
8 Gänsekresse
9 Obstbaum
10 Kriechender Günsel
11 Kugellauch
12 Anemone
13 Christrose
14 Fette Henne
15 Sonnenbraut
16 Bienenfreundliche Wildwiese